AF267810

# LES PRINCES

# VOILA LE BOULET

PAR

## ED. LAMBERT

PARIS

IMPRIMERIE SCHILLER

10 et 11, Faubourg Montmartre

1887

# LES PRINCES

## VOILA LE BOULET

PAR

### ED. LAMBERT

PARIS

IMPRIMERIE SCHILLER

10 et 11, Faubourg Montmartre

—

1887

# LES PRINCES

## VOILA LE BOULET

Il y a quelques semaines à peine, et c'est là un côté bien piquant de la chose, celui qui serait venu conseiller aux différents partis composant la droite à la Chambre et au Sénat, de se débarrasser bravement des Princes, aurait commis une simple inconvenance.

Mais ce qui n'aurait été hier encore qu'une impertinente plaisanterie est devenu nécessairement, fatalement, la conséquence de cette évolution rapide, presque instantanée, à laquelle nous avons assisté de la part des droites, depuis la chute du ministère Goblet, jusqu'à l'arrivée au pouvoir des lieutenants de M. Jules Ferry.

Et c'est à le démontrer que le signataire de ces lignes veut borner sa modeste tâche. — Considérer l'événement en observateur éveillé, en noter l'originalité, en relever la contradiction et l'équivoque saillantes pour arriver à l'implacable logique des choses, voilà donc le but.

Eh bien ! la première constatation curieuse, ça été le caractère unanime, instantané, homogène de la manifestation des droites dès la formation du ministère Rouvier.

Ensuite, pour tout esprit un peu clairvoyant, ce qui frappe, c'est l'apparition d'une discipline nouvelle, inattendue, que le pays ne connaissait pas.

Cette discipline, nette, décidée, ne présente aucun des aspects ordinaires à celle des partis politiques jusqu'à ce jour.

Certes, il serait bien aisé de l'analyser à fond. Mais je pense qu'il suffira d'en indiquer les deux traits caractéristiques pour bien en faire ressortir la saisissante originàlité : c'est une docilité, une obéissance presque passive des esprits les plus intempérants et les plus rebelles jusque-là, — et la modération même des conditions imposées à ceux auxquels un concours est offert.

Oui, discipline nouvelle, ardente, inflexible et invisible à la fois, comme monacale ; discipline qui vient courber des fronts toujours révoltés, assagir des lèvres jusque là pleines d'audace et de provocations inouies...

C'est enfin M. Paul de Cassagnac qui, flagellant naguère M. Jules Ferry de ces mots parlementaires : « Vous êtes le dernier des lâches et le dernier des menteurs », se range et se plie, de loup se fait agneau, et devient ministériel avec M. Ferry lui-même et sous ses ordres.

Spectacle étonnant !

Partout on peut constater comme une sorte d'émulation juvénile, confiante, joyeuse. Ce qu'on adorait, on le cache, on le tait ; et ce qu'on abhorrait, on le flatte, on le choie.

Touchante émulation constitutionnelle ! !

N'avons-nous point encore les oreilles toutes chaudes des cris de colère, des haines affichées avec ostentation hier même contre le gouvernement de la République, alors qu'aujourd'hui, c'est avec la même ostentation qu'on est tout à l'amour et à la joie ?

Oui, tout ce qui paraissait de bonne guerre, dans les luttes électorales qui amenaient cent quatre-vingt monarchistes à la Chambre, semble être un danger subit, puisqu'un candidat royaliste se pârait fièrement, hier, du titre de ministériel.

Ah ! évidemment, si les droites ne soutenaient le ministère Rouvier, ou tout autre *ejusdem farinæ*, que dans un but accidentel, il ne faudrait voir là qu'une de ces faces particulières à la tactique des partis.

Cette alliance serait silencieuse.

Mais la droite affiche, bien au contraire, sa bienveillance, sa patience ; elle ne veut pas qu'on l'ignore ; elle en fait sa vertu du moment.

Et, devant cette discipline qui caractérise si fortement la nouvelle évolution des droites, comment serait-il permis de reconnaître la main d'un Prince?

Quoi? celui qui, ni avant, ni après l'exil et son auréole, n'avait pu récolter que le désarroi et la violence, pourrait subitement, d'un coup de baguette magique, retrouver l'autorité nécessaire?

Quoi? dans cette soudaine évolution, quelqu'un reconnaîtrait-il la caractéristique de la politique royale?

On l'aurait donc changée avec le roi lui-même?

Serait-ce alors le prestige subitement relevé de l'excellent fils du prince Napoléon?

Soyons sérieux.

Puisque la marche adoptée est nouvelle, puisque l'armée désagrégée la veille, obéit au doigt et à l'œil en ce moment, puisque la même pensée enveloppe et enflamme ces droites rajeunies, c'est donc que leur chef est autre, qu'il est plus fort et plus obéi, plus habile et plus aimé, plus haut et plus respecté.

Et ne reconnaît-on pas, précisément, sa main dans la nature et dans la personne du négociateur de l'Elysée ?

Ce négociateur n'a qu'un chef, c'est connu.

Ce chef, ce maître, c'est le pape.

Non, en vérité, la politique monarchique n'est pas la véritable et seule inspiratrice. Au reste, ce n'est pas la première fois qu'on aurait vu, en France, les partis placer certains intérêts bien au-dessus des intérêts politiques, et se désintéresser nettement de la forme du gouvernement existant pour atteindre un résultat capital.

En d'autres temps, cela s'est appelé *le parti catholique*, et ce nom rappellera à ceux qui ont vécu à cette époque les luttes ardentes qui s'engagèrent entre les royalistes purs et ceux qu'on désignait alors sous le nom d'ultramontains — devenus aujourd'hui les cléricaux.

Et, en passant, il me plaît de dire à la vieille *Gazette de France* qu'elle est toujours la même, immuable, fidèle à ses traditions, éloge mérité et bien rare aujourd'hui.

En attaquant furieusement, comme au bon temps de sa jeunesse, la politique personnifiée dans le baron de Mackau, la vieille *Gazette de France* continue toujours sa vieille querelle avec Louis Veuillot.

Et il y a des gens qui croient au nouveau.

Il faut absolument reconnaître que nous voyons poindre, en ce moment, les premiers rayons de cette politique patiente qui prend sa source au Vatican.

C'est bien là, en effet, le caractère de cette politique enveloppante que le pape Léon XIII a su employer vis-à-vis de l'Allemagne, et dont les effets pratiques se font sentir si vivement déjà dans sa lutte engagée avec l'Italie.

*⁎*

Les hommes qui observent se souviendront certainement de la surprise causée dans le public par la bienveillance entêtée, par l'oubli réfléchi dont ne se départissait pas le Vatican à l'égard de M. Ferry, alors que cependant l'œuvre de cet homme d'Etat s'affirmait dans toute sa brûlante intensité : La laïcisation des écoles, la laïcisation tolérée ou encouragée des hôpitaux, l'expulsion des congrégations religieuses, le vote de la loi sur le divorce.

Mais personne, parmi les hommes politiques bien informés, n'ignorait que cette condescendance marquée, que cette patience à toute épreuve, n'avaient d'autre but que de sauver à tout prix une chose essentielle, fondamentale pour le catholicisme : l'état des clercs.

Dès cette époque et malgré les actes de M. Jules Ferry, le pape Léon XIII savait pouvoir compter absolument à l'avenir sur des atermoiements, sur des longanimités qui suffisaient à sa prudence.

Et qui donc pourrait prétendre victorieusement que nous sommes mal informés en affirmant qu'après avoir été *appelé* ou *desiré* à l'Elysée, M. le baron de Mackau en imposant, comme prix de son alliance, l'éloignement immédiat du brave et populaire général Boulanger, obéissait beaucoup plus aux préoccupations immédiates que la loi militaire présentée à la Chambre faisait naître au Vatican, qu'aux ressentiments résultant de l'exil des Princes ou aux craintes venant de l'Allemagne.

Et du reste, n'est-il pas probable jusqu'à l'évidence qu'en terminant sa consultation M. le baron de Mackau a su faire entrevoir nettement, au pacifique M. Grévy, tous les avantages résultant d'une intervention bienveillante et toute puissante auprès de M. de Bismarck.

M. le baron de Mackau peut garder son secret, c'est son devoir. Mais la logique a des oreilles si fines que rien ne lui échappe.

*
* *

Oh ! je n'entends pas attaquer les hommes qui cèdent à des préoccupations de cet ordre.

C'est leur conscience qui parle, sans aucun doute.

Mais si ma modeste plume se refuse à juger les mobiles, ne m'est-il pas permis de mettre le doigt sur la plaie, de montrer l'équivoque latente, la contradiction évidente, l'obstacle qui gêne et gênera toute action sérieuse et durable des différents groupes de la droite ?

*⁎*

Pour les royalistes, je leur rappellerai qu'en d'autres temps les hommes composant le *parti catholique* s'étaient très loyalement ralliés au gouvernement. En faisant aujourd'hui alliance avec le gouvernement républicain, n'en découle-t-il pas logiquement, nécessairement, que leur Prince est devenu une équivoque intolérable, une entrave insupportable comme un boulet aux pieds ?

Quelle force peut donc leur donner M. le comte de Paris ?

Etrange puissance que celle puisée dans une arrière-pensée, dans une hypothèse !

Raisonnablement, la droite royaliste ne peut s'en accréditer sans compromettre elle-même et ses alliés. Que faire d'un Prince qu'il faut tenir caché dans la poche ?

Et quel appui portera-t-on au ministère avec un semblable sous-entendu ?

Est-ce qu'on s'allie comme on commet une mauvaise action ?

Il n'y a pas à sortir de là : si votre concours est affiché, M. Rouvier est contraint de s'en défendre ; et si l'appui persiste après les protestations ministérielles, qu'en dira le corps électoral ?

Que les royalistes le sachent bien, à ce petit jeu-là ils ne tarderont pas à peser ce que valent leurs réticences.

Et s'il y avait parmi eux quelques hommes assez naïfs pour s'imaginer qu'il est possible de répondre aux électeurs français : « Nous sommes monarchistes en tant que majorité, mais nous devenons ministériels comme minorité » — je leur prédis un succès de fou rire accompagné d'un congé en règle.

Il faut être conséquent.

Alors il ne s'agit plus de chercher et de trouver des formules vagues, fallacieuses, pour masquer une arrière-pensée, des embarras, ou grouper dans une majorité officielle des éléments politiques réfractaires.

Sans logique et sans gage, il n'y a rien de durable et d'avouable.

Et le seul gage imposé par cette logique, je le trouve seulement dans l'abandon solennel de M. le comte de Paris. — Débarrassez-vous donc de cette entrave.

La main sur la conscience, je le demande, si la droite royaliste pense qu'à cette heure les intérêts qu'elle a mission de défendre peuvent être sauvegardés par la République, que devient donc la Monarchie?

Quel rôle lui réserve-t-on ?

Non, l'erreur de votre combinaison ne consiste pas à vouloir constituer dans la République un grand parti de résistance sociale et religieuse; l'erreur capitale consiste à vouloir mener de front, et les intérêts du Prince et ceux de l'Eglise.

Et, si je voulais donner à ma pensée une

forme plus concrète, je dirais aux royalistes :

Que feriez-vous demain ? si les hommes, représentant le gouvernement de la République, venaient hautement à vous en disant : Messieurs les députés de la droite, vous voulez nous aider à résister aux empiétements du radicalisme, eh bien ! soit, nous acceptons, mais pour que votre concours ne puisse pas être pour nous un déshonneur ou une injure, jurez-nous fidélité à la République.

Que répondriez-vous ? — en échange d'une formule surannée et dont on ne veut plus, auriez-vous le courage de répondre par la répudiation de votre prétendant ?

Et si vous ne le faites point, ne serez-vous pas démasqués brutalement ?

Ah ! mon Dieu, ce boulet traîné péniblement, ce prince que vous promet-il donc de si alléchant ?

Rien ou à peu près.

Un gouvernement hypothétique, un *en-cas*.

M. le comte de Paris, souvenez-vous en, s'est lui-même qualifié de gouvernement en réserve. Oh ! cette formule désolée me fait songer aux calendes grecques.

*

Dans sa dernière brochure, lumineuse comme un phare, « *la République et le pouvoir responsable* », mon éloquent ami Pascal, après avoir reproduit le passage le plus significatif des dernières instructions testamentaires de M. le comte de Paris à són parti, posait cruellement cette alternative : « Ces conseils émanant du chef de la maison de France seront-ils dédaignés ou suivis ? S'ils sont dédaignés que devient l'autorité du Roi ? S'ils sont suivis que devient donc la royauté ? »

Il semblerait qu'on ait tenté de sauver quelques bribes de cette autorité. Mais, je crois l'avoir démontré, ce n'est là qu'une manifestation toute superficielle, continuation des équivoques.

C'est pourquoi il ne me reste plus qu'à

m'emparer simplement de la seconde partie de l'implacable dilemne de M. Pascal, et de dire aux royalistes : Que faites-vous d'une royauté qui n'est plus qu'un simple rouage ministériel, une cinquième roue à un carrosse. Son inutilité n'est-elle pas démontrée? Un roi sans royauté ou une royauté sans roi, cela ne s'est jamais vu.

Aussi, hâtez-vous donc, vous qui aspirez à entrer dans le conseil du gouvernement de la République, de faire le nécessaire. Enlevez votre boulet, rendez votre prince à sa famille, à ses chères études. Libre et dégagé, il pourra enfin, tout à son aise, préparer les assises de ce gouvernement qu'il tient en réserve.

Et maintenant, pour le parti bonapartiste, à la Chambre, il faut faire deux parts.

On est en présence de deux groupes bien distincts :

Le premier, dit *unioniste*, n'est, à proprement parler, qu'un assemblage de monarchistes cléricaux, plus cléricaux encore que monarchistes.

Le titre n'est là que pour l'électeur.....

Sachant que la majeure partie des bonapartistes votent pour les républicains en haine des royalistes, ils ont préféré mener leur armée à la trahison pour obtenir la victoire.

C'est le groupe des ambitieux et des malins.

On peut donc, sans offenser sa pudeur, ranger ce groupe important par le nombre et la qualité de son état-major, dans la catégorie des monarchistes auxquels je m'adressais plus haut.

Il reste alors le second groupe dit : *victorien* ou *impérialiste-autonome*.

Quel en est le chef aujourd'hui?

On l'ignore. Vraisemblablement il n'en a plus. On marche à l'aventure, sans boussole, sans logique. Tantôt il vote avec les radicaux, tantôt avec les ministériels et tantôt il se sépare. C'est le groupe des incohérents.

Pour cette petite portion de la droite, il serait cependant bien facile de jeter bas l'obstacle qui la gêne et l'obstrue jusqu'à la cocasserie !

Qu'on en juge : Il y a quelques mois à peine, un mien ami, en visite chez le prince Napoléon, vit arriver, par un jour sombre, un jeune et sémillant député victorien qui, pour la première fois, depuis la loi d'exil, se risquait à fouler de ses souliers vernis le sol vaudois. La surprise fut grande car la visite était inattendue.

Les compliments d'usage exprimés, notre excellent homme, après avoir naïvement avoué que de tout temps il avait confondu les *Salèves* avec le *Mont-Blanc*, entra d'un air délibéré en matière et expliqua au prince Napoléon le triste état dans lequel gisait le parti bonapartiste. Enfin, les lèvres pleines de componction, il venait annoncer que le prince Victor, dont la caisse était vide, brûlait du plus vif désir de réintégrer le foyer paternel.

Mon ami n'en entendit pas plus long.....

Mais ce fût assez, avouons-le, pour lui faire éprouver une certaine surprise lorsqu'il lut, quelque temps après, une série d'articles lyriques célébrant et la persévérance et la confiance absolue du prince Victor dans la cause de l'Empire, et signés : Cunéo d'Ornano.

La caisse n'était plus vide, sans doute. Quand la caisse est pleine on relève fièrement le drapeau de l'empire ; lorsqu'elle se vide le cœur du jeune Prince se gonfle et le réveil filial s'affirme.

Ma foi, de la part du prétendant que tout le monde connaît, il n'y a dans ce petit jeu de bascule rien qui doive étonner.

Mais, en vérité, qu'un brave homme aussi intelligent que M. Cunéo d'Ornano, et un homme d'esprit comme M. Robert Mitchell, s'en contentant, je ne puis pas plus me l'expliquer pour l'un que pour l'autre, dont on colporte ce mot topique prononcé au retour d'un récent voyage à Bruxelles : « Oh ! mes amis, je vous le dis, avec ce gros garçon, il n'y a plus rien à frire. »

J'aime à rester sur ce mot qui démontre par $A + B$ que, si du côté royaliste l'opération nécessaire peut être assez cruelle, du côté impérialiste, au moins, elle se peut faire sans douleur !